Primera edición: octubre 1997
Segunda edición: febrero 1998
Tercera edición: octubre 1998
Cuarta edición: marzo 1999
Quinta edición: enero 2000
Sexta edición: diciembre 2000

Proyecto y dirección editorial: María Castillo
Coordinación técnica: Teresa Tellechea
Diseño de cubierta: Alfonso Ruano, Olga Pérez
    y César Escolar

© del texto: Ana M.ª Romero Yebra, 1997
© de las ilustraciones: M.ª Luisa Torcida, 1997
© Ediciones SM, 1997
    Joaquín Turina, 39 - 28044 Madrid

Comercializa: CESMA, SA - Aguacate, 43 - 28044 Madrid

ISBN: 84-348-5656-5
Depósito legal: M-44865-2000
Impreso en España/*Printed in Spain*
Orymu, SA - Ruiz de Alda, 1 - Pinto (Madrid)

pctogramas *en cosas de*

Ana M.ª Romero Yebra

Ilustraciones: M.ª Luisa Torcida

sm

EL FANTASMA COLÁS

Colás es un  .

Vive en un  .

El  está en una

rodeado de  .

Un  pasa cerca de allí.

El Colás aparece por

las y las .

Se mete por las .

Mira a través de las .

7

Y se cuela por debajo de las .

Otras veces arrastra sus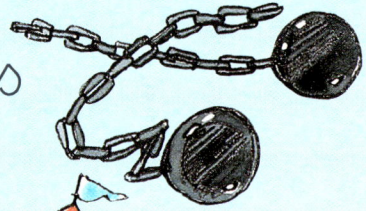

por las  del .

Agita su blanca 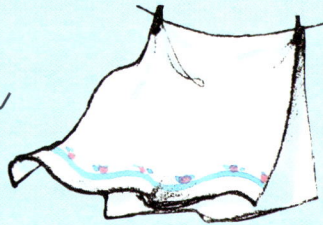 y hace ¡Uh, uh!

Pero a Colás no le gusta.

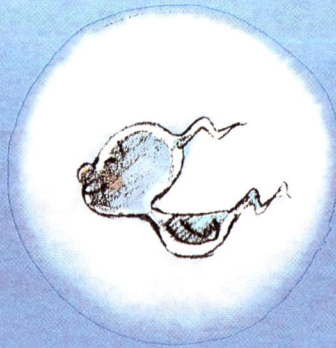

Lo que le gusta a Colás es el  .

Bañarse en el  cuando hace calor.

Y pasear de  mirando la

y las  .

LOS DESEOS DE COLÁS

Colás el  quiere ir a la .

Ponerse una de .

Llevar una con ,

y de colores.

Y comerse un de

en el recreo.

10

Al Colás le encantaría

ir al cercano.

Conocer a los .

Jugar con ellos al y al .

Y aprender bellas historias en los .

LOS AMIGOS DEL  COLÁS

Colás es un 👻 de gran ❤️.

Tiene amigos que viven en el 🏰.

Cegatín, el 🦇, parece un 🐭

con .

Se pasa las 🌃 cazando 🦟.

Al salir el ☀️ se cuelga pies arriba,

para dormir.

12

Talentazo, el , vive

en la ▯ más alta del .

Tiene los 👀 color de ☀.

Y las , gris y marrón.

Talentazo, el , le cuenta

al 👻 Colás muchas historias

de 👨‍👩‍👧 y .

13

Por el , el

y el  duermen.

Colás juega entonces con

la  Verdina.

Verdina, la ,

lleva un hermoso  rosa.

Colás y Verdina toman el .

Algunas veces van al .

Pero la  Verdina no se baña.

14

Se queda sobre unas

mirando a las .

—¡Qué pena no tener !

—dice la Verdina.

—Yo te serviré de .

—le dice el Colás.

Y los dos son felices volando cerca

de los y de las .

15

LA EXCURSIÓN

Una mañana el

se llenó de  .

Eran del  cercano.

Habían ido de  ,

en un  , con su  .

El  Colás quiso conocerlos.

Para que los  lo vieran, gritó:

—Soy Colás el .

Tengo mucho poder.

Y para que lo veáis

traspaso la .

¡Una, dos y tres!

Y desapareció por el

de la .

Pero nadie le hizo caso.

Entonces se acercó a otros .

—¡Uh, uh! —gritó moviendo

la  y las  .

—¿Qué es eso? —preguntó una  .

—¡Ahí va! ¡Qué risa!

¡Si parece un  !

18

Y el  empezó a decir:

—Soy Colás el

que arrastro mis .

Y para fastidiaros

llamaré a la .

Pronto caerán los

y voy a hacer que llueva.

—¡A que no lo haces! ¡A que no!

—decían los .

—Uno, cero, dos.

Que vengan las

y tapen el

Uno, cero, nueve.

Que la lleque.

Empezó a caer una muy fuerte.

Los corrieron a resguardarse.

Pero una

se quedó mirando al

—¿Eres un  de verdad?

—¡Claro! ¿Es que no te doy miedo?

—¡No! ¿Y vives siempre en el 🏰?

¡Qué aburrido!

—No creas. Tengo muchos amigos:

El 🦇 Cegatín, el 🦉 Talentazo

y la 🦎 Verdina.

—Yo también quiero ser amiga tuya.

Me llamo Patricia.

Y me gustan los  .

Ven a conocer a mi

y a los otros  .

Todos recibieron a Colás

el  con alegría.

22

NUEVOS AMIGOS

Aquél fue un muy divertido

para el .

Enseñó todo el a la

y a sus nuevos amigos.

Se bañaron juntos en el

mientras la Verdina

miraba desde las .

¡Qué pena que el y el

estuvieran durmiendo!

23

Al acabar la ,

el  Colás se fue en el

con los  y la .

Al  Colás le gustó mucho

el  donde vivían los .

Y les prometió que iba a volver.

Ahora el  Colás

va a la  algunas veces.

Lleva la con ,

y ,y ha estrenado una

con .

Los y la lo reciben

entusiasmados.

El 🦇 Colás aprende muchas

cosas en la 🏫

Y se siente muy feliz de tener amigos

en el 🏰 y en el 🏘️.

¡Ah! Y en el recreo se come un 🥖

de 🍖 que le lleva Patricia.

VOCABULARIO

 Alas
ALAS

 Cerraduras
CERRADURAS

 Animales
ANIMALES

 Corazón
CORAZÓN

 Árboles
ÁRBOLES

 Cuadernos
CUADERNOS

 Autobús
AUTOBÚS

 Chimeneas
CHIMENEAS

 Avión
AVIÓN

 Día
DÍA

 Balón
BALÓN

 Escaleras
ESCALERAS

 Bocadillo
BOCADILLO

 Escondite
ESCONDITE

 Búho
BÚHO

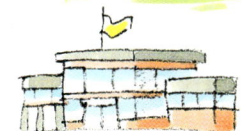 Escuela
ESCUELA

 Cadenas
CADENAS

 Estrellas
ESTRELLAS

Castillo
CASTILLO

 Excursión
EXCURSIÓN

27

Fantasmas
FANTASMAS

Mariposa
MARIPOSA

Flores
FLORES

Mochila
MOCHILA

Hombres
HOMBRES

Montañas
MONTAÑAS

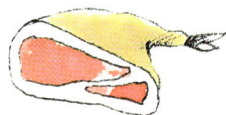
Jamón
JAMÓN

Mosquito
MOSQUITO

Lagartija
LAGARTIJA

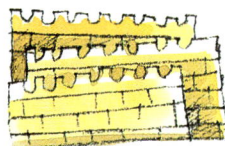
Murallas
MURALLAS

Lápices
LÁPICES

Murciélago
MURCIÉLAGO

Libros
LIBROS

Muro
MURO

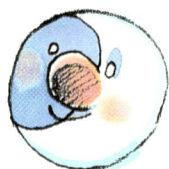
Luna
LUNA

Niña
NIÑA

Lluvia
LLUVIA

Niños
NIÑOS

Maestra
MAESTRA

Noche
NOCHE

 Nubes
NUBES

 Rayos
RAYOS

 Ojos
OJOS

 Río
RÍO

 Pájaros
PÁJAROS

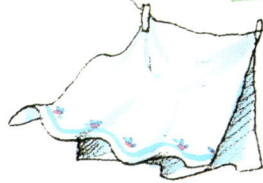 Sábana
SÁBANA

 Pared
PARED

 Sol
SOL

 Piedras
PIEDRAS

 Tormenta
TORMENTA

 Pueblo
PUEBLO

 Torre
TORRE

 Puertas
PUERTAS

 Torres
TORRES

 Ratón
RATÓN

 Vestido
VESTIDO